JN441124

이광호 제3시집

달빛 아래 웅크린
호수 속의 잉어 떼

열린시선 19

달빛 아래 웅크린
호수 속의 잉어 떼

이광호 시집

열린출판사

■ 시인의 말

시를 쓰는 동안
내 속마음 꿈틀대고
세상의 모든 수심 씻어낸다

세 번째 시집 내놓으며
자신을 되돌아보면서
세상을 크게 둘러보게 된다

살아계신 하나님 앞에
홀로 선 초라한 모습
또렷이 비치고 있다

이렇게 살아가다 보면
세상 끝이 다가 오겠지
그것이 진정한 소망이리라

2026년 봄
저자 이광호

■ **목차**

제3부

제4부

제5부

제1부

윤슬

바닷속 물고기 떼
저들을 감싼
하늘에 떨어진 은빛 가루
그 화려함 그들은 모를 게다

마음을 흔들던 숨결
그 물결을 따라
바다 위 뿌려진 보석

하늘과 물결이 만나
없는 듯 있는
찬란한 풍경

하늘빛 융단
눈에 담으니
마음에도
그 빛이 일렁이네

금계국

금호강 오월
뚝방길을 장악한
노랑 금계국

순한 사람들
예쁜 금계국에 눈길이 빼앗겨
원래 있던 꽃식물들
사라짐을 못 보네

사람꽃 사이사이 파고든
문명의 금계국
원래 있던 향기는 떠나가고
향기없는 조화造花만 만발하네

호수

거꾸로 매달린 물속 하늘
호수 안에 가득 담긴
구름 조각들

새 떼 날지만
호수 속 깊은 하늘에
새 떼와 물고기 떼
뒤엉켜 몰려다닌다

날개 치며 나는 새들
헤엄치며 노는 물고기들
뭉게구름 올라타고
신비롭게 어우러진다

해바라기

온종일 햇님 따라다니는 꽃님
밤 되면 햇님 맘에 담은 채
새로운 날 기다리는 해바라기

동녘이 밝아오면
원래의 생기 되찾아, 종일
햇님에 고정시킨 꽃님의 눈

하루 해 저물어가면
불안해지는 키다리 꽃님
힘 잃지 않으려 애쓰는 모습

깜깜한 밤 사방 고요해지면
다시 떠오를 햇님 기다리며
고개 숙여 겸손한 자태 보인다

내일 만날 햇님
맘에 품고 긴밤 견디는
노란 꽃 쟁반 거기에
간절함 가득 차 있다

초승달

깜깜한 밤
하늘 높이 걸린
기울어진 사랑 바구니

그 안에
가득 찬 사랑
지구 위에 쏟아부으니

힘겨운 삶
살아가는 인간들
그 사랑 가슴에 받아

아름다운 삶
회복하게 되어
다시금 밝아지는 세상

새싹

작은 씨앗 짓밟고
힘 자랑하는
무거운 흙덩어리

그 아래 아무 말 없이
신음하던 작은 씨앗

위에서 내리쬐는
태양 열기 힘입어
작은 몸 꿈틀대며

억누르던 흙덩이
힘껏 밀쳐 올리고
얼굴 내민 새싹

거대한 나무 되어
흙덩이 위에
우뚝 설 날 오리라

꿀벌

꿀벌들 꽃밭 날아다니며
먹은 음식 위 속에 담았다가
입으로 토해 낸 끈적한 물질
벌에게는 그냥 배설물

그들이 좋아하는 달콤한 꿀
꿀벌에게 고마운 맘 가지나
인간 위한 벌의 배려 아니다

자기가 내뱉은 물질 즐기며
만족스러운 듯 흐뭇해하는
인간들 비웃는 꿀벌 무리

인간의 배설물 즐기고 있는
천박한 개 힐끔 돌아보며
비웃는 인간과 유사한 모습

꿀벌들의 향긋한 배설물
인간들이 내보낸 배설물
상반된 묘한 관계 드러난다

호랑나비

가냘픈 꽃가지 위에
걸터앉은 호랑나비
조심스럽게 눈치를 본다

제 몸 너무 무거워
꽃가지 힘들까
마음 쓰는가 보다

한편, 호랑나비 앉자
행복에 겨운 꽃나무
살랑이는 바람 물결에
즐거운 비명 지른다

복숭아

녹음 짙은 여름과 함께
따라오는 복숭아의 계절
연빨강 연노랑 배합된 껍질

과일 중 유별난 복숭아
동일한 색깔과 모양이어도
껍질 속 상이한 속내

손으로 눌러보아 알 수 있는
딱딱 복숭아와 물렁 복숭아
겉으로 식별 어려운 속살

동일한 복숭아 두고
선호도 다른 '딱복' '물복'
각 사람들의 상이한 취향

혼탁한 세상 가운데
이리저리 치이는 인간들
복숭아 통해 얻는 교훈

숨겨진 인간의 내면
주변의 이웃과 더불어

살아야 할 운명적 존재

외모와 인상 통해
내면 알 수 없는 '딱심' '물심'
위기에 처할 때면
드러나는 본색

이기심 위에 덧칠한 위선
속을 감추기 급급한 행태
겉과 속 다른 인간들에게
복숭아가 제공하는 원리

복숭아의 속살처럼
인간의 감추어진 속내
하나님 앞에서 진실하게
드러나야 할 본래의 모습

북두칠성

밤하늘 북두칠성 쳐다보니
소아시아 지역 정연히 흩어진
일곱 교회 머릿속에 떠오른다

북극성 바라보는 일곱 별
소아시아 일곱 교회가 향했던
예루살렘 성전이 뇌리에 스친다

자연의 원리 가운데
마음속 가득 채운
깨달음의 소중한 은총

멍게

붉은색
수류탄 닮은
흉측스런
멍게

동물로
분류되지만
뿌리 가진
식물 같은
아리송한
생명체

속살은
어류 육질
향긋하고
묘한 맛
멍게

겉과 달리
알고 보면
속 매력 지닌
멋진 멍게

땅콩의 독백

햇빛 즐기며 무르익어가는
'나' 외에 모든 종류의 콩들
주변의 친구들 서로 마주 보며
살랑이는 바람에 합창하네

깜깜한 땅속에 묻혀있던 '나'
누군가 밖으로 끄집어내 줄 때
비로소 햇빛 보며 어색함에 빠지고

땅속에 묻혀 바로 옆 동료조차
한 번도 본 적 없는 가련한 신세
온갖 생소한 것들로 가득 찬
눈부신 세상 당황스럽다네

그런데, 수군대는 사람들 소리
햇빛 보며 고이 자란 콩들보다
깜깜한 땅속에서 자란 '내'가
훨씬 더 고소하고 맛있다며 난리네

그 원인에 무관심한 채
자기 입맛만 중시하는 인간들
그게 어두운 땅속에서 견뎌낸

쓰디쓴 인내의 결과임을
사람들은 모르네

구름 가림막

조각구름 하나
나와 하늘 사이
가림막 되어
뜨거운 태양 가려 주고

한 발짝 움직이면
조각구름
나를 따라와
다시 가림막 되어
그림자 만들어 주네

제2부

연리목과 교회

별개의 나무 둘 서로 붙어
한 그루 되지 않았다면
신비로울 것 없지

기대나 작심 없이
별개의 나무들 붙어 하나 되었다

뿌리로부터 공급되는 수분
잎의 광합성 작용 공유하며
같이 살고 죽는 공동 운명체

지상 교회,
다양한 인간들 성령으로 인해
한 몸 이룬 예수 공동체

하나의 거대한 영적 세계
천상으로부터 생명을 공급받는
신비로운 은혜의 연리목

회색지대

하양과 까망 완전한 무색
중간 지대 나타나는 회색

빛과 흑암 접촉 없는 관계
엉킨 자리 중립지대 조성

선과 악 사이의 유동 물결
혼란 부추기는 회색 상황

거울

긴 복도 벽면에 걸린 거울,
거울 속 자기 확인하는 자들
잠시 품었다가 내보낸다

거울 보며 마주 선 자
거울 속 자기 모습 대할 때
생소한 낯선 눈초리들
홀로 선 저를 주시한다

거울 안팎 마주한 두 사람
서로 쳐다보며 나누던
무언의 짧은 대화 끝나면
조용히 그 자리 뜬다

깊고 깊은 거울, 속살 거친
눈길들 하나하나 거두어
틈새 공간 만들어 세워 둔다

거울 속 들여다보며
자기 모습 마주하는 자들
예리하게 주시하는 또 다른
거울 속 시선 깨닫지 못한다

거울이 품은 비밀의 세계
거기 감추인 숱한 눈길들
항상 새로운 대상 기다린다

벽면에 말없이 걸린 거울
꿈쩍 않고 제자리 지키며
오가는 이들의 감시자

운문산 계곡

물이 맑다
물빛이 곱다
산속 계곡 따라
흐르는 물소리가 좋다

하늘이 맑다
하늘이 멋있다
뭉게구름 뚫고
들려오는 하늘소리가 좋다

아이들이 맑다
아이들이 예쁘다
환한 얼굴 드러내며
떠드는 아이들 소리가 좋다

궁디산

어릴 적 놀이터였던 대구 궁디산
나지막이 놓인 두 개의 산봉우리
멀리서 바라보면 영락없는 궁디다

두 봉우리 사이에 놓인 바위 보고
똥을 누고 있는 중이라 낄낄대며
주변 뛰어 다니던 코흘리개 아이들

지금은 문명에 밀려 사라진 궁디산
궁디 까뭉갠 자리에 선 대구타워
어느 날 그 부근 지나며 스친 생각
저건 궁디산이 눈
사대의 똥인가

* '궁디' 는 '궁둥이' 의 경상도 사투리

추억은행

누렇게 색바랜
책갈피 속
고운 추억들
숨 쉬고 있네

다소곳이 숨어있는
마른 은행잎 속
지난날
정든 캠퍼스의
가을 냄새가, 듬뿍
배어 있네

언젠가
수업 시간에, 살짝
나비 접어
꽂아두었던
빈 종이쪽지 속에서
다시 돌아가고픈
강의실 안의
얼굴과 얼굴들
떠들썩한 숨결
쏟아져 나오네

책갈피가
은행이었던가
구겨지지 않은
새 지폐 한장
주인 기다리며
고이 잠자고 있었네

책 속에
설명하기 어려운
나의 체취
가득 배어 있네

까맣게 잊혀진
옛날의 내 책갈피 속
아름다운 추억들
숨 쉬고 있었네

폭염

급격한 지구촌 기상이변
제정신 아닌 듯 대기 휘감은 폭염
섭씨 40도 육박하는 한반도
찜통더위 잠 못 이루는 열대야

응급실 몰려드는 온열 질환자들
지구촌 여기저기서 들려오는
수십만 명의 온열 사망 소식

시원한 에어컨 바람 쐬며
실외기 통해 내뿜는 뜨거운 열기
자연환경 파괴하는 무서운 흉기
통제 벗어난 당황스러움

심각한 몸살 앓는 지구 덩어리
이글거리는 아지랑이 뿜어내며
인간들 향해 항변하는 소리
'이 모든 것 네 놈들 때문이야'

나의 시詩를 읽는 나

자기가 쓴 저술과 논문
다시 읽기 쉽지 않다

굳이 읽지 않아도 되지만
펼쳐 들기가 어렵다

지금은 종종 나의 시詩,
읽는 나의 모습 본다
때로 서재, 때로 지하철 안,
때로 먼 지역 여행 중에

시詩가 지닌 최고의 매력
그다지 집중하지 않아도
편하게 대할 수 있다는 점

시詩, 사람 속 들여다보는
열린 문이기 때문이리라

제비

가을 지나며 멀리 강남 갔다가
봄이 되면 어김없이 찾아오는
흰옷에 검은 망토 걸친 멋스런 제비

강남 어디쯤 어느 동네에 어떻게
지내다가 돌아왔는지 궁금하지만
그쪽 얘기 철저히 함구하는 철새

먼 길 갔다가 다시 돌아온 제비에게
자기 집 처마 밑 그대로 내어주며
최상의 예우했던 훈훈한 옛사람들

공격자들의 위험에서 보호받고
비바람 피할 수 있는 안전한 거처
무상으로 제공받는 영구 특권자

의리 잊지 않은 나그네 철새 제비
그해 봄 처마 밑에 지은 멋진 둥지
거기서 새끼 낳아 가을되면 동반 이동

이듬해 봄 또다시 돌아오는 제비
멋진 모습 쳐다보며 신기해하던

옛 시절 되살리는 아름다운 추억

회귀回歸

이제 가야지
다 두고 가야지
모든 미련 버리고 가야지

나중 와야지
다시 돌아와야지
모든 것 회복되면 와야지

외국행 비행기 안 진풍경

– 암수 애완견의 내화

주인의 가슴에 안겨
해외 휴가길 비행기에 오른 암수 애완견
옆자리 나란히 앉아 있다

(개들의 감탄)
'와, 신기하다'
'인간들의 능력 정말 대단하네'
'어떻게 이런 기술 가능하지?'

(A) '세월이 수백만 년 흐르면 우리 새끼들도 이렇게 될 거야'
(B) '그게 가능할까?' "
(A) '바보야! 우리를 상전으로 모시는 인간도 해내는데 우리 후대 손 못해내겠어?'
(B) '아, 역시 당신이야!'

(AB) 시중드는 옆의 인간을 힐끔 쳐다본다

개들의 대화 내용 알아듣지 못한 주인 그 짐승들 앞에서 온갖 재롱 다 부린다
개와 인간 서로 자기가 상전이라 여기며 여행한다

겨울 철새 학鶴들의 보금자리

금호강 낀 고즈넉한 시골 동네
물 맑고 볕 좋은 고장 하양河陽
무학산舞鶴山 – 금학산金鶴山

학무리 멋스럽게 춤추는 무학산 자락
학 떼들 미리 자리 잡은 아름다운 고을
무학리, 강학리, 대학리, 신학리, 학동

갈대들 부딪히며 연주하는 자연 악기
비파소리 머금은 금호강琴湖江 주변
철 따라 찾아오는 학들의 보금자리
해마다 잊지 않고 다시 돌아온다

무학산 건너 안온한 금학산金鶴山
같은 산 다른 이름 금박산金泊山
학들이 일박 하며 쉬어가는 휴식처

주변에 들어선 분잡스런 공단지구
근래에 세워진 첨단 지식산업단지
학들의 오랜 거처 빼앗은 인간들

이제, 철 되면 바로 앞 금호강 변
소수의 학들 외롭게 노닐고 있을 뿐

고향 처소 빼앗긴 듯 쓸쓸한 모습

학들의 소중한 거처 잠식하고도
그에 대한 미안함 전혀 없는 인간들
오늘은 학들에게 미안한 마음
욕심에 찌든 인간들이 미워진다

* '금호琴湖'라는 명칭은 금호강 언저리 구릉지의 갈대들이 바람에 흔들리면서 마치 비파소리 같은 아름다운 소리를 내기 때문에 붙여진 이름이다

기습폭우

갑자기
하늘이 터졌다
엄청난 양의 비가 쏟아져 내린다
빗줄기에 휩싸인 산들이 휘청거린다
산속 뒤엉킨 오물들 강으로 밀려 내려간다

갑자기
하늘이 터졌다
하나님의 무서운 심판이 임한다
세상 욕망에 찌든 인간들 휘청거린다
시기 질투 위선 모함 거짓 씻겨 내려간다

하늘 향해
힐끗거리는 시선
온몸에 덕지덕지한 비곗덩어리
끊어내기 싫어 안간힘 다하는 자들
손바닥 펼쳐 하늘 세력 막으려 저항한다

감성 입은 수학

시詩는 문학인가
그렇기도 하고 아니기도 하다
그 이상의 개념 지니고 있기 때문이다

시는 과학인가
그렇게 말할 수 없다
실험의 결과 담겨있지 않기 때문이다

시는 감성적 수학이다
그 안에 눈으로 쉽게 볼 수 없는
논리정연한 내용들 차 있기 때문이다
시에는 예리한 도구들 탑재되어 있다

이쁜 딸내미

아침과 저녁 날마다 보는
아빠와 엄마 두 개의 얼굴

퇴근한 아빠 말끔한 세수
피로감 벗은 미끈한 얼굴

귀가한 엄마 깨끗한 세수
화장기 제한 마알간 얼굴

양쪽 살피던 어린 딸내미
미소 지으며 건넨 한마디

'우리 엄마가 이 세상에서
제일 예뻐요'

제3부

성냥 알갱이와 세 치 혀

엄청난 파괴력 지닌
작은 불씨, 세 치 혀
관리 소홀하면
모든 것 송두리째 앗아간다

보이지 않는 화력火力 품은
한 톨 쌀알보다 작은 성냥 알갱이
자칫 잘못 사용하면
큰 나무와 전체 숲, 나아가
논밭의 경작물과 가옥 태우고
사람의 생명마저 박탈한다

들리지 않는 소리 품은
세 치에 지나지 않는 작은 혀
거짓 증거 만들어 내면
그 당사자와 가족 파괴하고
주변 사람들 끌어들여
이간질 덧칠한 범죄자 만든다

더욱 조심해야 할
교회 공동체에 속한 성도들
자칫 잘못하면, 뭉쳐진 거짓말

하나님 향한 저항 행위 되어
주님의 몸 된 교회 허물게 된다

무서운 파괴력 지닌 도구
성냥 알갱이와 세 치 혀
올바른 사용 위해
주의 깊은 관리 이어가야 한다

성도의 신앙

내가 원하는 하나님
하나님이 원하는 나
정반대일 수 있다

내가 해석하는 성경
성경이 해석하는 나
정반대일 수 있다

내가 추구하는 교회
교회가 요구하는 나
정반대일 수 있다

오만한 인간들
전능하신 하나님
조종하려 덤벼든다

세속화된 인간들
절대 진리인 성경
제멋대로 재단한다

욕망에 찌든 자들
주님의 몸 된 교회

취향대로 이끌어간다

신실한 신앙인들
하나님, 성경, 교회
참된 회복 갈구한다

교회와 노인 빈곤

노인 빈곤 문제
세속국가 대책을 고심하지만
지상교회 그에 별 관심 없어 보인다

지난날, 우리
교회 안 노인 빈곤 문제 두고
고심하며 실행에 힘쓰기도 했다

이제 모든 것 끝났다
동일한 형편에 이르고 보니
더 이상 할 일 남아 있지 않았다

그래도
건전한 참된 교회들
그에 관한 관심 기울여야 한다

지상 교회의 근본 자세 버린
입술에 올리는 사랑
위선적 메아리에 지나지 않는다

이념 아닌 실천적 삶
교회 가운데 드러나길 원한다

자식과 형제
교회로부터 버림받아
극한 빈곤에 처한 늙은이들

물질적 정신적 고통
감내하는 노인들 바라보며
눈물머금은 속마음 드러내 본다

*오래전 실로암교회에서는 경제적 능력 없는 한 청년의 연세 많은 모친이 갑자기 쓰러져 병원에 입원했으나 병원비가 없었다. 당시 교회의 재정 외에 여러 성도들이 개별적으로 힘을 모아 몇 년 동안 그 가정을 지원했다. 그리고 자식이 있었으나 도움받기 어려운 노인이 병환 중에 있다가 노인요양원에 입원했을 때도 그렇게 했다. 실로암교회는 어려운 이웃이 있을 때 그와 같은 일을 지속적으로 해왔다.

패거리 문화

자기편이면
거짓을 상호 용납하는 자들

자기편 아니면
진실한 내용조차 배격한다

패거리 문화
그런 태도 의리인 양 포장한다

하나님 경외하는 자
이기적 편향을 버려야 한다

교회의 지도자

지상 교회를
세우는 일에도
지상 교회를
허무는 일에도

그 중심에
교회의 직분적
지도자들 있다

하나님을
경외하는 자들
마음속 깊이
새겨야 할 교훈

정통적 틀 위에
견지해야 할
건전한 신학

아니면 희망 없다

서글픈 축제

대도시 중심부 우뚝 선
화려한 대리석 예배당
가득 세워진 고층 건물들 사이
초라하게 움푹 주저 앉았다

난간에서 내려다보이는
주변에 남은 오래된 한옥들
옛 정취 드러내 보이고 있다

조용한 별실에 몰려든
깔끔한 옷차림의 장로들
왁자지껄한 웃음소리 넘치는
축제 자리로 변한다

수십년간 동고동락한 사역자
명분도 없이 내쫓은
무정하기 짝이 없는 자들

새로운 교역자 앞에 두고
아무 일 없었다는 듯
축제 분위기 연출한다
귀를 막아도 웃음소리 들린다

이웃이 당한 억울한 고통
저들의 안중에 없어 보인다

서글픈 축제의 현장
공허한 사랑 외치는 자들

*대구 Hs 교회에서는 근래 이십 수년 동안 어려운 선교지에서 수고를 한 선교사를 불러들여 불법적인 방법으로 선교사직을 박탈하여 교회에서 내쫓았다. 그 과정에서 선교담당자가 온갖 거짓말을 동원해 선교사를 음해했다. 그 거짓 증언을 기초로 하여, 하나님을 진정으로 경외하는 성도라면 절대로 하지 말아야 할 악행을 저지르게 되었다. 그럼에도 불구하고 대다수 교인들은 그 실상에 대하여 전혀 알지 못하고 있다.

마귀의 전술

마귀의 전술적 계략
거짓 음모 조장하면
그에 미혹된 어리석은 자들
참과 거짓 사이 구별선 무너진다

사악한 자의 편에 서서
스스로 의로운 사람인 양
자신을 정의의 대열에 세운다

그렇게 되면
마귀의 지배 아래 놓여
참 진리 소유한 이웃 향해
맹렬한 진노를 표출하게 된다

의인과 악인

하나님 진정으로 경외하는 성도
교회를 세우시는 성령의 사역에
참여하는 자, 하나님께 속한 의인

사탄의 세력 추종하는 거짓 교인
교회를 파괴하는 마귀의 계략에
동참하는 자, 사탄에게 속한 악인

이간질

교회 내에 조작된

지속적인 이간질

교회파괴 원동력

살인보다 무서운

사악한 범죄행위

하나님의 심판대

악한 자들
거짓 증거 조작해 유포하면
어색하게 돌변하는 분위기

순박한 이들 앞에
드러나는 사악한 위선 행위
승리자 행세하는 오만함

사람의 입술
장악한 온갖 형태의 거짓
애먼 사람 향한 공격
잠시도 멈추지 않는다

세월지나 누명 벗어도
지워지지 않는 상흔傷痕
거짓증인들 눈앞에 놓인
하나님의 무서운 심판대

여호와께 속한 백성들
머지않아 임하게 될
하나님 심판 알고 있다

친구의 단식

교회가 잔인하다
가슴이 저리고
괴로움이 온몸을 휘감는다

나의 오랜 친구
칼빈 전문가 장JeanS 목사
오랫동안 섬긴 교회로부터
어이없는 내침을 당했다

교활한 웃음 앞세워
목사 짓밟고 세력 자랑하며
하나님께 저항하는 자들
심판에 대한 두려움 없다

나는 친구인 그이
큰 비리와 부정 저지를 만한
인물이 못됨을 잘 알고 있다

오히려 결벽증으로 인해
불의와 타협하지 못할
꼿꼿한 성품의 소유자다

그동안 친구 통해
교회 향한 그 진정한 사랑
수없이 많이 보아왔다

최근 그 친구 이십일 이상
단식 중이란 뜻밖의 소식 듣고
충격받을 수밖에 없다

그 단식 일반 금식 아닌
교회 향한 메시지 전달 방편
오죽하면 그리할까

동병상련을 앓아서 그런가
그의 고통 마음속 뚫고
그대로 들어와 내 것 되었다

가슴 속에 울리는 말씀
 '이런 일 새롭지 않다'
 '과거에도 지금과 동일했다'
 '선지자들과 사도들을 보라'

이 땅에서 목사로 살아가며
고통스러운 일 겪는다 해도
악한 세력에 끝까지 맞서 싸워
승리 쟁취하리라 다짐해 본다

퇴임 목회자의 고뇌

즐거워야 할 주일
마음이 무겁기만 하다

주일이 되어
갈만한 교회를 찾지 못해
감사보다 걱정이 앞선다
내가 속할 교회 있을까

생계도 여유롭지 않은
나이 많은 목회자 부부
교회의 짐이 될까 부담된다

퇴임한 목사는
교회와 복음 위한 모든 일
중단해야 하는가

묘안이 떠오르지 않아
하나님께 기댈 뿐이다

선교를 위한 교회개척
하나님의 인도 바라며
조용히 무릎 꿇게 된다

8.15

한국 최고 국경일 8.15 광복절
36년간 일본의 압제에서 해방된 날
태극기 손에 들고 뛰쳐나온 시민들

한반도 뒤흔들던 거대한 함성
1945년 그날의 감격 누리는 민족
지금껏 지속되는 역사적 현장

같은 날, 슬픔에 휩싸인 섬나라
히로시마에 투하된 원자폭탄 충격
2차 세계대전에서 항복한 일본

군국주의로 인한 일본인 피해자들
전쟁광들과 보통 시민들 사이에
분리 적용되어야 할 판단 기준

악한 자들의 통치에 속한 이유로
동일하게 간주하는 불합리한 현실
뇌리를 스치는 광복절의 복잡한 생각

변해야 할 국가와 교회

국법 악용 일반화되고
사법 정의 기준 허물어지면
패망으로 치달을 수밖에 없다

법치국가 대한민국
내란 우두머리로 정죄 받은
탄핵당한 전임 대통령
제약 없는 거리 활보 충격적이다

그것을 뻔히 보고도
별 문제 삼지 않는 위정자들
백성에게 사법 정의 말할 수 있나

세상 어디서도 찾아볼 수 없는
어처구니없는 상황
국법 무력화에 급급한 자들

그와 유사한 길 걷는 한국교회
교단마다 존재하는 표준문서
맘대로 어겨도 된다면
죽은 교회 증거일 따름이다

교회 질서 호도하고 큰소리치면
판단력 부족한 교인들
그 거짓 논리에 쉽게 넘어간다

이제 멈춰야 할 패망의 길
국가 지도자들, 교회 지도자들
법 무시하는 행태 돌이켜야 한다

다음 세대 위해서라도
교회와 국가 위해 이기심 버린
청백리들 많이 일어나길 바란다

뒷간 문화

백여 년 전의 통시 문화
본채에서 떨어진 얼개 친 공간
바깥바람 숭숭 들어오는
소박한 돌 짝 다리 걸친 통시
큰일 본 후 볏짚 문질러 뒤처리

칠십여 년 전의 변소 문화
임시가리개 입구 막아주는
엉성한 모양의 흙 나무집
어설픈 나무다리 걸친 변소
큰일 본 후 누런 종이 찢어 뒤처리

오십여 년 전 화장실 문화
본채 가까이 다가온 흙집
문고리 장착한 개별적 공간
다듬은 나무다리 걸친 화장실
큰일 본 후 자른 신문지로 뒤처리

삼십여 년 전 수세식 문화
집안 내부로 들어온 별도 공간
좌변식 자리에 걸터앉은 쉼터
큰일 본 후 두루마리 화장지로 뒤처리

현대인 안방 차지한 화장실
양치질과 샤워하는 개별 공간
안락한 휴식과 피로 푸는 영역
큰일 본 후 비데로 씻어내는 뒤처리

변천 지속해 온 화장실 문화
장차 어떻게 변해갈지 궁금해도
짐작하기 쉽지 않은 미래의 영역일 뿐

*신분과 빈부에 따른 차이가 있었으나 우리는 대개 비슷한 변천 과정을 겪어왔다.

제4부

스승의 날

스승의 은혜
맘속에 살아 움직이던
그 시절 그리워진다
학교의 스승, 교회의 스승
삶의 소중한 지표였다

가치파괴 시대
지식 전달자로 전락한 교사
학교에도 교회에도
사라진 스승의 자리
엉클어져 버린 삶의 지표

옛 시절 합창하던 스승의 날 노래
귓가 살짝 스치며 눈가를 적신 후
씁쓰레한 내 마음 움직인다
가만히 윗 하늘 쳐다본다

* '스승의 날' 을 기억하고 연락해 준 제자들에게 진심으로 감사한 마음 전합니다. 사정상 연락 주고받지 못해도 고마운 이들 많이 있음을 고백합니다.

무례한 자들의 세계

무례한 자들
선배도, 스승도
나이도 무시한 채
예의 걷어찬 모습 드러낸다

무례한 자들
후배 앞 나이 자랑
오만함 드러내며
엄격한 태도 시전해 보인다

무례한 자들 지위 내세워
남 무시하는 안하무인격 태도
자신이 뭔가 된 듯 착각한다

교회에도, 사회에도
모든 영역에
넘쳐나는 무례한 자들
기울어진 세태 어찌해야 하나

제자들의 모임

옛 제자들의 모임에
특별한 초대 받아 갔다
이삼십 대 젊은 청년들이
오륙십 대가 되어 있다

머리가 하얀 눈밭인 자들
머리숱 거의 없는 자들
목사 선교사 제자들 보며
흐뭇한 마음 넘쳐났다

한마디 훈시할 기회에
옛 강의실 학생 대하듯,
과거 선인들 떠올리며
사고 바꾸라고 권면했다

옛날 60살과 현대 90살
지금은 현재 나이에서
서른 살 뺀 계산 방법이
온당한 판단이라 말했다

숫자로는 60대 전후여도
90세에 생애 마친다면

옛 수명과 비교할 때
아직 30대 전후 나이로
많은 일 감당할 수 있다

장차 닥칠 많은 장애물
눈앞을 가로막을지라도
남은 생애 힘껏 달려
최종승리 거두라 했다

대적해야 할 세력

아담이래
악한 세력 펼쳐온 사탄
세상 모든 것 거머쥔 채
하나님이 행하시는 구원 사역
훼방하기에 급급했다

인간 역사 가운데
지속된 교묘한 패악질
하나님의 아들 그리스도에게
온갖 수모와 고통 가하며
죽음에 이르게 했다

기세등등한 사탄
주님의 재림 앞두고
마지막 발악을 하는 듯
이판사판의 모습 보이고 있다

하나님의 백성
어떤 상황 닥칠지라도
주님의 권능 의지한 채
힘을 다해 맞서 싸워야 한다

구약시대 선지자들
신약시대 사도들
교회사 속 믿음의 선배들
우리도 그들의 뒤를 따른다

주님의 교회 지키고자
좌고우면하지 않았던
신실한 선배들 존경스럽다

주기철 목사

한국교회 고난의 역사
중심에 선 진해웅천교회
주님 위해 목숨 내놓은
일사각오 주기철 목사

안일하고 배부른 시대
과거의 실상 깨닫게 되면
부끄러워해야 할 교인들

여러 차례 옥고 치르며
겪어야 했던 잔인한 고문
다시 잡혀가면 그전보다
더욱 심한 고통의 자리

오직 하나님 의지한 채
일본의 신사참배 요구
끝내 굴복하지 않았던
순교 각오한 믿음의 선배

당시 사악한 배도자들
빈정대며 내던진 욕설
신사참배 거부 말고

일제와 대화하라는 외침

마치 교회의 수호자인 양
행세하던 무엄한 자들
귓전 때리는 슬픈 소리

주기철 목사에게는
일제의 예리한 칼날과
차갑고 어두운 감방보다
배도자들의 매서운 눈총
더욱 부담스러웠으리라

고통스러운 옥고 치르다가
조국의 해방 눈앞에 둔 채
결국 순교 당했던 선배

여전한 안골포와 웅천성
그 아래서 역사 되새기며
보내는 고요한 주일 오후

감방의 심한 고난 견디며
세상의 삶 마감한 선배
내 마음 크게 흔들어놓은
일사각오의 숭고한 신앙

시인들의 세상

모든 인간 감성 품은 시인

마음속 깊이 자리 잡은 시詩
감성으로 버무려진 얼개 흐름
정형화된 모양 중요하지 않다

누구는 맘속에 시詩 담아두고
누구는 입술로 시詩 풀어내고
누구는 문자로 시詩 표현한다

진솔한 감성 자체의 소중함
각자 마음에서 토해낸 감정
타인 이해시키려 하지 않는다

시詩 가득 담긴 감성 연못
제각기 소중히 간직해온 감정
촘촘한 뜰채로 거두어들인다

신종 바리새파

참된 예수 외면하고
스스로 조작한 예수
앞세우는 편향주의자들

자신의 종교적 열망
신앙인 양 여기게 된다

시대적 취향으로 덧칠한
일그러진 예수의 모습

어리석은 자들
헛된 자부심에 취해
자신의 야망 추구한다

퇴임

45년간의 목회 사역
하나님께서 베푸신 은혜의 여정
나약한 목회자의 얼룩진 인생살이

20대 후반에 불렸던 '전도사'
해외선교 참여하며 얻은 호칭 '선교사'
30대 초반 대학생 선교사역할 때 '간사'

신학교 졸업 후 얻게 된 호칭 '강도사'
실로암교회 청빙 받아 안수받은 후 '목사'
다양한 호칭 떠올리며 조용히 웃음 짓네

35년간 한 교회 섬기면서 간직했던
나의 가장 소중한 심중의 울타리
'코람 데오' Coram Deo
'메멘토 모리' Memento Mori
하나님 앞에서 죽음을 기억하라

하나님 앞에 드러나는 초라한 몰골
하나님에 대한 경외심의 발원 '코람 데오'
내일 모르는 채 죽음 앞에 홀로 선 성도
세상의 욕망 잠재우는 '메멘토 모리'

모든 것 속속들이 꿰뚫어 보시는
거룩한 하나님 앞에서 낮아져야 할 인간
그 강렬한 눈길 의식하지 않는 눈먼 자들

교회의 직분적 책무 마무리해도
주님 앞에서 감당해야 할 남은 사명
나이 많은 할아버지 어린 손주 돌보듯
건강 허락되는 한 지속하게 될 근본 도리

하나님의 뜻 따라야 할 성도의 삶
성령의 인도하심에 순종해야 할 여생餘生
주님 오실 때까지 사명 다하리라 다짐해보네

*2025년 1월 4일, 퇴임식에서

황혼

팔공산 고즈넉한 카페
커피잔 테이블 위에 두고
세월 보내는 노령의 죽마고우들
용무 없이 담소 이어가는 격의 없는 관계

어지러운 세태 가운데
무기력한 자신을 한탄해 가며
산발적인 대화들 온 산속 휘젓다가
다시 제자리 돌아오길 되풀이하는 사이

헤어질 시간이 되어
시집詩集 하나씩 나눠 갖고
살아온 인생의 질곡 되새기며
감정의 나래 펼쳐보자는 무언의 미소

50년 지기 오랜 친구들
무엇이든 해낼 것만 같던
아무런 두려움 없던 옛 시절
어느덧 지난 세월 겹쳐지는 황혼 인생

Fathership과 언약공동체

사도교회 전통 이어받은
종교개혁 이전 가톨릭교회
신부神父로서의 직분자
영적인 Fathership 지위

오랜 역사 이어온 교회전통
언약적 의미 내포되어 있는
직분의 소중한 관계 설정

교사인 목사와 교인 사이
형성된 Fathership 관계
육적 부모에게 속한 자식
영적 교사와 연결된 성도

직분적 관계 파괴하는 자들
교회 허무는 위태로운 행위
원만한 Fathership 통해
견고해져야 할 언약공동체

사랑과 착각

교회 가운데 존재하는 형제 사랑
유사한 취향 가진 자들 편당지어
사랑인 양 여기며 관계 형성해도
그것을 참사랑이라 말할 수 없다

잘못된 길위 서성대는 형제 향해
뒤에서 손뼉 치며 응원하는 행위
저를 위해 유익하지 않을 뿐더러
위기의 늪으로 몰아넣을 수 있다

진정으로 그를 사랑하고 있다면
멋모른채 위태로운 곳에 서있는
현실적 위기로부터 돌이키도록
진리의 말씀으로 일깨워야 한다

죄에 빠진 자 보며 손뼉 치는 자들
범죄 행위 격려하는 잘못된 태도
저를 그 자리 머물도록 부추기며
큰사랑 베풀고 있는 양 착각한다

사랑으로 권면하는 단호한 책망
분별력을 상실한 형제로 하여금

어둠에서 돌아서도록 하는 채근
저를 위한 참사랑의 방편 된다

파멸 향해 질주하는 무지한 군중
거짓 상황 옹호하며 감싸는 자들
정신 바짝 차려 엉뚱한 길로 가는
형제를 의의 길로 인도해야 한다

갈피 못 잡는 한국교회 곳곳에서
발생하는 안타까운 시대적 현상
하나님 떠난 종교적인 영웅심리
지상 교회 위태롭게 만들어 간다

심한 혼선에 허덕이는 목회자들
관념적 신앙에 빠져 허우적대며
자기만 옳은 양 우기는 착각속에
어두운 구덩이 안을 헤매고 있다

분별력 상실한 애처로운 교회들
아무런 대책없는 안타까운 세태
고개들어 멀리 천상을 바라보며
하나님의 은총 기다릴 따름이다

성경 전권 주해 완성과 감사

처음부터 계획 세워 시도한 일 아니었다
하나님께서 친구를 사자使者로 보내
그 일을 시작하도록 발판 깔아 주셨다

젊은 시절부터 설교를 준비하면서
주해한 성경 내용 하나씩 다듬으며
그냥 앞을보고 열심히 달리기만 했다

차곡차곡 쌓인 연구와 주해 내용들
검증받는 심정으로 외부에 드러내며
보편 교회의 보증을 받고자 했다

점차 그 일 내게 맡겨진 사명으로 알고
힘닿는 대로 성실하게 임하고자 애쓰며
교회와 더불어 정신없이 달려오다 보니
어느덧 성경 주해의 길 완주하게 되었다

되돌아보면 하나님의 섭리적 은혜와
놀라운 손길이 존재했음을 깨닫는다
나는 나 자신의 개인 소유물 아니며

내가 가진 유무형의 것들 내것 아니다

만일 그 가운데 선한 것들 존재한다면
주님께서 나에게 맡겨두신 것일 뿐

성경 주해 완간한 후 친구들 격려받으며
주님께 감사하는 마음 더욱 커진다
나의 책들이 신음하는 현대 교회와
성도들에게 영적인 위안이 되길 바라네

*2025년 10월 31일, 대구산성교회에서

성령의 사역과 사탄의 훼방

참교회 이루어가는 성령의 사역
교회파괴 몰두하는 사탄의 세력

하나님께 순종하는 복된 성도들
사탄에게 휘둘리는 불행한 자들

항상 지속되어야 할 자기 확인
'너, 성령의 사역에 참여하느냐'
'너, 사탄의 세력에 대항하느냐'

정신 바짝 차려야할 배도의 때
순교 신앙 소유해야 할 성도들

회개 거부하는 화인 맞은 양심
사탄의 계략에 깊숙이 빠진 채
저주 아래 놓인 제모습 감춘다

제5부

아라라트산

대홍수 후, 방주에서 내린
노아와 그 가족 여덟 명의 표정
아라라트산은 직접 보아 생생히 기억하고 있다

튀르키예의 동쪽 끝자락
산기슭에 자리 잡은 사막 도시
아담한 모습의 도우베야짓Dogubeyazit

만년설 아래 감추인
아라라트산 지표 통해, 구체적인
얘기듣고자 여기저기서 많은 사람들 몰려들었다

아라라트산 올랐으나
출입 막혀 도중에 발길 돌려
거기서 세월 거슬러 노아 가족과 나
아홉 명이 그 땅 밟고 서서 한참동안 대화 나눴다

아라라트산 방주 되돌려
그들과 함께, 긴 역사적 시간 너머
홍수 이전의 화려한 세계 방문하자
죄악을 즐기는 인간들의 모습 저 멀리 보였다

그들 향한 하나님의 진노 보며
다시금 방주 타고 수천 년 세월 지나오니
인간들의 죄악과 하나님의 진노 재현되고 있다

지구 위에 우뚝 선 아라라트산
여지껏 소중한 교훈 내뿜어 왔으나
죄에 빠진 인간들 그 실상 보지 못하고 있다

투르판의 별바다

지구 위 움푹 패인 오아시스
사막 담장에 갇힌 포도의 땅 투르판
땅에 빠지고 하늘에 빠지고자
음력 그믐날 시간 맞춰
하늘의 포도 따러 갔다

자정이 넘은 꼭두새벽
낯선 사막 한 가운데 이르러
땅을 짚고 위를 쳐다보니
반짝이는 별무리 하늘 빼곡히 차 있다

머리 위까지 내려앉은 별바다
통째로 빠져버린 몸과 마음
헤어 나오지 못해 정신줄 놓고
허우적거릴 수밖에 없었다

동트는 새벽이 나를 건져내고
몸은 별바다에서 나왔으나
마음은 여전히 별 바닷속 헤매었다

한참 시간이 흐르고 나서야
희미하게 반짝이는 별무리 가운데

양손에 별 포도송이 가득 들고
유영하는 내 모습 눈 속에 들어왔다

*사막으로 둘러싸인 중국 신장 자치구 '트루판' 에서 가장 낮은 지역은 해저 400m 정도 된다고 한다. 그래서 오아시스인 그 땅이 '아시아의 우물' 이라고 일컬어지기도 한다. 포도 생산지인 그곳이 과거에는 실크로드의 요충지이기도 했다.

적도

두 개의 대형 수박
가운데 자른 후 다른 수박 면 맞붙여
새로운 한 덩어리 만든 형국, 지구

지구의 중앙선 한 바퀴 두른
가느다란 무형의 철끈 적도선
엄청난 위력의 불가해한 법칙의 띠

눈에 보이지 않는 적도선 중심으로
남쪽과 북쪽 뚜렷이 갈라진 성질
남은 청색 법칙 북은 홍색 법칙

적도선 사이에 둔 남과 북
물이 위에서 땅속으로 흘러 들어갈 때
왼쪽 오른쪽 정반대 방향 소용돌이

적도선 정중앙에서 물길 아래로 내리면
좌우의 아무런 소용돌이 없이
그대로 지구 속으로 빨려드는 현상

남과 북 정반대 방향으로 도는 속성
적도 지표선 아래로 들어가면

땅속 어느 지점까지 그 법칙 통할까

지구 한바퀴 두른 초강력 적도선
한점 오차도 허용되지 않는 절대법칙
인간들이 판단하는 과학 밖의 영역

하나님의 섭리에 따라 창조된 지구
어리석고 미련한 진화론자들
이를 두고 무어라 말할지 궁금하다

*2016년 1월, 우간다 '베데스다병원 직원 특강'을 위해 한 주간 동안 방문했을 때, 수도 캄팔라에서 남쪽으로 100km 정도 떨어진 빅토리아 호수에서 그리 멀지 않은 Kayabwe의 '적도 구역'에서 느낀 감성이다.

몽블랑을 바라보며

칼뱅을 비롯한 신학자들
제네바에 거하는 동안
날마다 바라보았을
몽블랑 만년설

속살 감춰덮은 하얀색 외투
저 눈 가운데 그때 그 눈
여전히 남아 있을까
그대로 버티는 산
변하는 산 아래

같은 시기 존재하면서도
산 위와 산 아래 양상
상이한 변화 속도
그래도 한 덩이
연결된 땅

암흑시대와 신암흑시대

손에 성경책 없었던
중세 암흑시대
거짓 종교 지도자들
하나님 이름 팔아 무슨 말 해도
그대로 받아들였던 무지한 교인들

중세보다 더욱 심한
현대 신암흑시대
성경책 눈앞에 펼쳐둔 채
거짓 종교 지도자들
하나님 이름 들먹이며 거짓말해도
그대로 먹히는 슬픈 우리의 현실

거짓말 일삼는 거짓 교사들
속고 살아가는 안타까운 교인들
근본적인 변화 기대할 따름이다

칸라온 화산

거대한 불덩어리 지구
그 위에 설치된 단단한 땅을
발판 삼아 살아가는 다양한 인간들

지구 둘러싼 흙 거죽
여기저기 흩어져 존재하는
뜨거운 물질 내뿜는 화산 분출구
억눌린 땅 숨통 틔어
지구 대폭발 막아주는
숨구멍 역할하는 느낌이 든다

환태평양 조산대 필리핀
네그로스섬 칸라온Kan-Laon 화산
지난 육 개월간 세 번의 폭발 있었다
무서운 위력 드러내 보이며
지구의 속살과 함께 내던지는
눈 후비는 분진, 코 찌르는 유황 냄새

뜨거운 불덩어리 위에 살아가며
겸손한 자세 가져야 할 인간들
땅이 침묵하면 오만한 태도 보인다

*2025년 5월 하순, 필리핀 네그로스섬 바콜로드에 있는 'Elim Bible Institute' 에서 사흘 동안의 신학특강을 하며 Kan-Laon 화산 인근지역을 방문했다

바울을 본받아

1세기 당대 최고
예루살렘 가말리엘 학당
율법 공부한 학도 바울

바리새파 가문에 속한
출세 가도 내달리던
유능한 젊은 인재

참된 복음 깨닫고 나서
그 동안의 모든 보물
배설물로 간주한 변화

불변의 영원한 진리
모든 것 뒤바꾼 인생

배도자들에 의해
한 평생 고난 겪었던
약자 중의 약자

심한 굶주림
악한 자들의 위협
온갖 고통과 시련

감방을 드나든 신앙인

그의 최종 승리
하나님의 은혜 때문

세상의 것 포기하고
천상을 소유한 바울
그 뒤 따르는 후손들

욥과 함께 누리는 밤

신실한 언약의 사람 욥
궁지로 몰아가는 사탄의 계책
그 하수인 역할 떠맡은
미혹에 빠진 욥의 친구들

그동안 쌓아온 우정 버린 채
냉혹한 분위기 조성하여
욥을 과녁삼은 종교적 카르텔
의인인 양 행세한 배도자들

친구들로부터 문책당한 욥
이미 굳건히 형성된 편당앞에
어떤 해명도 통하지 않는 상황

재판관이 되어가는 친구들
'너의 고통 이유 있지 않은가'
욥의 죄 억지로 만들어가며
근거 없이 문책하는 자들

제 멋대로 자문자답하며
거짓 의인의 자리 꿰찬 채
승리에 취한 그의 친구들

대책 없는 고통에 빠져
하나님께 간절히 하소연하는
믿음의 사람 욥, 시련 중에
하나님의 섭리 깨달은 지혜

깊은 산속 조용한 공간
주변 둘러싼 악한 재판관들
과학적 논리 내세우는 양
다양하게 내뱉는 문책소리

비교할 수 없어도, 오늘 밤
욥에게 나를 살포시 포개며
세상에 없는 감사한 마음
하나님의 사랑과 은혜 누린다

베트남에 오니

베트남에 와서 보니
또렷이 떠오르는
두 사람의 환한 미소

나의 외삼촌
내가 어릴 적
월남전에서 전사했다
오랫동안 흘리던
외할머니 슬픈 눈물
눈앞에 아른 거린다

또 한 사람 박상은 형제
의료봉사 왔다가
얼마 전, 이 땅에서
생애 마감했다

땅에 비치는 두 얼굴,
길가는 행인들 붙잡고
혹시 그들 못 봤는지
물어보고 싶은 충동

한국에 터 잡고 살며

고향 아닌 이국땅에서
생애 마칠 확률
과연 얼마나 될까
뜬금없는 생각 스친다

누구에게나 세상은
잠시 지나는 나그네길
어디서 살다가 죽든
성도들의 종착점은
영원한 천상의 나라

오직 진리 부여잡고
소명 감당해야 할 인생
넘치는 하나님 은혜
감사할 따름이다

나의 인생 엮어준 끈

우리 가정의 소중한 가훈
'먼저 그의 나라와 그의 의를 구하라'
우리 부부 결혼반지 안쪽에 새긴
주님의 명령, '마태복음 6장 33절'

반지 안쪽의 글 눈에 띄지 않아도
거기에 매여 있는 우리 가족의 삶
자녀들이 태어나 자연스럽게 형성된
언약을 담은 작은 사랑의 공동체

그러던 중 목회자인 나에게 요구된
새 지표, '코람 데오' '메멘토 모리'
하나님 앞에서 두렵고 떨리는 마음
죽음 앞에 서 있는 자신 깨달아
세상의 모든 욕망 내려놓아야할 삶

오래전, 모세 엘리야 바울의 체취
맡으려는 심정으로 찾아갔던 '시내산'
예기치 못한 옛 선배들과의 조우遭遇

당시 20대 젊은 청년의 심장 뒤흔든
'시내산 캐더린 수도원'의 '해골 창고'

그곳 멍하니 바라보다가 거기 섞인
자기 모습 발견하고 받은 충격

45년 가까이 나의 책상 바로 옆에
제자리 지켜온 예사롭지 않은 사진
죽은 자들의 흉측한 해골 무더기
그곳 한켠에 포개져 보이는 나의 해골

덧없는 세상 고발하며 천국 선포하는
시내 광야에 살았던 선배들의 유물
지금도 그 사진 내 옆자리 차지한 채
인간 본래의 모습 드러내 보이며
끊임없는 영적 메시지 뿜어내고 있다

언약의 무지개

비 온 뒤 나타나는 은혜의 무지개
노아 이전 사람들 본 적 없는 현상
아담, 하와, 아벨, 셋, 에녹, 므두셀라
아무도 보지 못했던 아름다운 무지개

대홍수 끝난 후 하늘 공간에 펼쳐진
예쁜 모양 무지개 처음 바라보며
깜짝 놀랐을 노아와 그의 가족들

비 온 뒤 하늘에 걸린 멋진 무지개
선포되는 언약의 가시적 증거
무서운 홍수심판 상기시키는 메시지

저주와 징벌의 표징되는 무지개
은혜와 언약의 상징되는 무지개
지구 전체 휘감듯 곳곳에 보이는 현상

상시적으로 볼 수 있도록 허락된
자연현상 통해 선포된 언약의 증거
눈 거쳐 마음 속에 언약 담는 백성

홍수 후 지금까지 이어져 온 현상

말세 되어 무지개 가리는 현대문명
우리 시대 보기 힘든 하늘 무지개

상시적으로 존재하는 우주 만물
하늘과 땅과 바다와 산과 들과 사막
태양과 뭇별과 식물과 꽃과 열매
다양한 짐승과 새와 물고기
낮과 밤, 봄 여름 가을 겨울 사계절

조물주의 존재와 능력 드러내는
피조 세계 날마다 보고 경험하면서
원래 의미 거부하는 악한 자들
하늘 무지개 있으나 없으나 마찬가지

언약의 백성 비 온 뒤 무지개 없어도
구름사이 숨겨진 멋진 무지개 본다
사막의 맑은 하늘에서 무지개 본다
메말라 가문 땅에서도 무지개 본다

하늘에 크게 걸린 멋스러운 무지개
그 아름다움에 취해 반짝이는 눈
우리는 항상 언약의 무지개 본다

*창세기 9:13은 '무지개의 주인이 하나님'이라는 사실을 밝히고 있다. 우리는 언약의 증거인 무지개 통해 하나님의 언약에 참여하고 있다.

바벨탑과 오순절 사건

아담 이래 노아 홍수 거치는 동안
인간들 사이의 소통 도구 언어
창조 시 허락된 하나님의 특별선물

탐심 채우려던 사악한 인간들
세력 결집해 하나님께 대항하자
언어 혼잡게 만드신 무서운 형벌
그 일 초래했던 바벨탑 사건

상호 간 자유 소통 불가능해지자
뿔뿔이 흩어져 정착한 무리들
상이한 기온의 광야, 산지, 바닷가
각기 형성된 문화, 관습, 종교 신앙

인간의 긴 역사 흐르는 가운데
예수님, 십자가 사역과 더불어
택한 백성 언약의 자리에 모으고
영적 단일어 허락한 오순절 성령

지역마다 종족 언어 다를지라도
지상 교회에 속한 모든 성도들
영적인 천상의 언어 공유하며

계시 안으로 들어가 누리는 은혜

극복 불능의 바벨탑 언어 장벽
인공지능 앞세운 단일어 통해
바벨탑 재건하고자 노력하며
착각의 늪 허우적대는 현대인

하나님께 대항하는 악한 자들
또다시 일으킨 신바벨탑 사건
그 위에 임할 두려운 최종 심판
언약의 백성 정신 차려야 할 듯

무릉계곡 축제

두타산 향한 무릉계곡
성경 앞에 선 믿음의 형제들
며칠 동안 펼쳐진 축제 마당

육적인 공간 뛰어넘어
숲속 헤치고 하늘높이 솟은
감격 넘치는 소박한 심령

진리 맘속에 품은 채
아름다운 두타산 중턱 올라,
여기저기 솟아난 바위틈 속
맨살 스치는 노아홍수 물결

수천 년 세월 돌아보며
원초적 메시지 새기는 이들,
노아홍수 건넌 새로운 세상
현실적 경관에 고정된 눈길

우포늪의 추억

우포늪 지킴이 정봉채 작가
오직 자연과 사진 작품 따라
낯선 외지 찾아
수 십년 한자리에 머문
꿋꿋한 의지
다시 새겨보는 인생의 의미

정 작가의 사진에 등장하는
자연환경 우포늪의 물결들
많은 철새들이 보여 준 조화調和
그 중에 돋보이는 따오기들

사진 속 고이 담긴 새들
아름답게 세련된 자기 모습
많은 사람들의 심금 울리고
있다는 사실 모르고 있을듯

오늘 아침 나는 작은 새 되어
작가의 허락 없이 사진 속에
살포시 들어가 자리 잡으니
겹겹이 쌓이는 우포늪 물결

해설

이광호 시詩에 나타난 자연 · 윤리 · 신학의 삼중 구조

송영찬 목사, CNB편집인

■ 해설

이광호 시詩에 나타난 자연 · 윤리 · 신학의 삼중 구조

— 시집 『달빛 아래 웅크린 호수 속의 잉어 떼』를 중심으로

송영찬 목사, CNB편집인

가. 시집을 열며

이광호의 제3시집은 자연 서정 · 윤리적 풍자 · 신학적 성찰이라는 상이해 보이는 세 계열을 통합하여 독자적인 시학적 세계를 구축한다.

일반적으로 현대시에서 자연은 오랫동안 서정의 원천이었고, 윤리적 풍자는 참여시 전통을 거쳐 현실 비평적 목소리로 자리 잡아 왔으며, 종교시는 독자적 흐름으로서 영적 사유를 탐색해 왔다.

그러나 이광호의 시집은 이 세 흐름을 단순하게 병치하는 데 그치지 않고, 자연 → 윤리 → 신학으로 이어지는 유기적 사유의 통로를 열어둔다. 자연을 통해 인간의 내면을 사유하고, 그 내면의 움직임을 통해 공동체 윤리를 성찰하며, 한 걸음 더 나아가 그 윤리의 기반을 신학적 · 초월적 차원까지 확장하는 구조다.

그 결과, 그의 시집은 개별 작품들이 분절된 주제를 담고 있는 것이 아니라, 서정 · 윤리 · 신학이라는 세 층위가 서로 은밀하게 호응하고 상호 규정하며 커다란 세계관적

체계를 이루는 하나의 신학적 서정시 세계로 읽힌다.

따라서 독자들은 단순한 작품 감상이 아니라, 다음과 같은 질문을 통해 이 시집 전체가 형성하는 거시적 구조와 그 정체성을 찾을 수 있다.

① 이광호의 시에서는 왜 자연 이미지가 번번이 내면적 · 신학적 서사로 확대되는가?

② 일상 사물의 미시적 관찰이 어떻게 윤리적 판단의 장치로 전환되는가?

③ 신학적 사유는 자연 · 일상 묘사의 어디에서 비롯되며, 어떻게 시적 구조로 편입되는가?

④ 이 세 계열은 독립된 것이 아니라 구조적으로 연결되는가, 아니면 단순 병치인가?

이러한 질문을 마음에 담고 세 번째 시집을 중심으로 시인의 통합적 시학을 분석하고, 개별 작품 분석을 넘어 시집 전체가 형성하는 의미를 찾을 때 비로소 이광호 시학의 진면목을 맛보게 될 것이다.

이를 위해 이광호 제3시집에서 중요한 사유 구조를 형성하는 대표 12편(〈윤슬〉, 〈호수〉, 〈해바라기〉, 〈초승달〉, 〈금계국〉, 〈새싹〉, 〈꿀벌〉, 〈복숭아〉, 〈성도의 신앙〉, 〈북두칠성〉, 〈아라라트산〉, 〈언약의 무지개〉)을 선별하였다.

이 12편은 자연 서정(1-4편), 윤리 비평 · 풍자(5-8편), 신학적 성찰(9-12편)이라는 세 영역을 포괄적으로 보여주며, 시집 전체의 구조적 연결고리를 이해하는 징검다리 역할을 하고 있다.

나. 시집의 작품들을 살피며

A. 자연 서정 4편(1-4편)

1. 자연의 빛과 내면의 변모 : <윤슬>

<윤슬>은 자연의 빛을 통해 화자의 내면이 변화하는 과정을 묘사하는 서정적 작품이다. '은빛 물결' 과 그 빛이 '눈 속으로 몰려들어 마음을 흔들던' 장면은 감각의 침투를 상징하며, 자연이 단순한 시각적 풍경이 아니라 내면의 변모를 일으키는 매개임을 드러낸다.

이광호의 자연 묘사는 사물의 의미를 해체하거나 질서화하려는 방향이 아니라, 자연을 은혜 · 감사 · 자기 변화의 공간으로 재해석하는 방향으로 움직인다. 이미지와 감각은 밝고 투명하며, 내면적 서정이 자연의 감각성과 맞물려 '은혜의 경험' 처럼 변환된다. 이는 '자연 속에서 신적 질서를 읽어내는 방식' 으로 이광호 시학의 중요한 시발점이 된다.

2. 반전된 세계의 존재론 : 〈호수〉

〈호수〉에서 시인은 물속에 '거꾸로 매달린 하늘' 을 묘사하며 현실과 반영의 경계를 해체한다. 호수는 단순히 아름다운 자연물이 아니라, 세계의 이면을 드러내는 거울이다. 새 떼와 물고기 떼가 뒤엉키는 장면, 산이 바람 따라 흐르는 역동적 이미지들은 '존재는 단일하지 않다' 는 현대적 존재론을 시각적 구조로 표현한다.

이 작품은 초현실적 장면을 미학적 실험으로만 사용하지 않는다. 자연의 반사와 전도는 세계의 숨은 질서를 드러내는 상징으로 기능하며, 신학적 시선과도 교차할 가능성을 가진다. 즉 '보이는 세계 뒤에 보이지 않는 질서가 있다' 는 세계관이 작품 전반에 깔린다.

3. 기다림의 신학 : 〈해바라기〉

해바라기가 해의 움직임을 따라다니는 속성을 통해 시인은 '기다림' 이라는 신학적 주제를 형상화한다. 낮 동안 해를 바라보는 움직임은 신앙적 추종, 밤의 부재 속 기다림은 고난과 인내의 시간이다. 이 작품은 정호승의 신앙서정과 유사하지만, 감정적 우회보다 직접적 상징을 사용한다는 점에서 이광호 특유의 직설적 신학성이 드러난다.

반복과 단순한 동사는 기도문과 같은 리듬을 형성하며, 신앙의 정체성이 '기다리는 존재' 라는 점을 강조한다. 이 작품은 시를 넘어 하나의 영성적 진술로 읽힌다.

4. 사랑의 기울어짐과 은혜의 쏟아짐 : 〈초승달〉

〈초승달〉은 초승달의 형상을 '기울어진 사랑 바구니' 로 의인화하며 자연 현상을 신적 은총의 상징으로 전환한다. 깜깜한 밤하늘에 걸린 초승달은 단순한 천체가 아니라, 하늘에서 지상으로 사랑을 쏟아붓는 은혜의 통로로 재해석된다.

'가득 찬 사랑' 이 '지구 위에 쏟아부으니' 라는 시행은 자연의 아름다움이 곧 신적 섭리의 발현임을 강조하며, 힘겨운 삶을 살아가는 인간들이 그 사랑을 받아 '다시금 밝아지는 세상' 을 회복한다는 희망적 메시지를 담고 있다. 이 작품은 자연 서정이 신학적 은혜론으로 자연스럽게 이행하는 이광호 시학의 전형을 보여준다.

B. 윤리 비평 · 풍자 4편(5–8편)

5. 외래종의 생태 은유와 사회 비판 : 〈금계국〉

〈금계국〉은 외래종의 폭발적 번식력을 인간 사회의 이기성 · 배타성 · 교란성에 비유하는 풍자시이다. 시인이 자연 생태의 사실을 사회비판적 은유로 변환하는 방식은 일반적인 참여적 서정 전통과도 연결된다.

자연 묘사에서 출발해 인간 사회 비판으로 전환되는 구조는 명확한 도덕적 메시지를 강화하며, 이광호 시학에서 중요한 '윤리적 사물 해석'의 방식을 보여준다. 자연의 침입은 사회적 침입으로, 생태계의 교란은 공동체의 붕괴로 대응시켜 표현된다.

6. 고난을 뚫고 솟아오르는 생명 : 〈새싹〉

〈새싹〉은 짓눌림 속에서 새싹이 뚫고 올라오는 자연의 운동을 인간의 고난과 성숙에 대한 은유로 확장한다. 흙덩어리가 '힘 자랑하며' 새싹을 누르고 있다는 묘사는 억압의 의인화이며, 생명이 꿈틀대고 밀쳐 올리는 움직임은 '부활의 서사'를 연상시킨다.

이광호의 시에서 '성장'은 단순한 자연 현상이 아니라 '신앙적 성숙 · 영적 일어섬'의 상징적 이미지로 읽힌다. 성장은 때로 '고난의 미학'과 부분적으로 연결되나, 이광호에게는 보다 직선적이고 희망적이다.

7. 단맛의 기만과 윤리적 반전 : 〈꿀벌〉

〈꿀벌〉은 단맛의 근원을 밝히는 생물학적 사실 -꿀이 벌의 '배설물' 이라는 점- 을 활용해 인간의 무지와 위선을 폭로한다. '향긋하다' 는 평가적 언어와 '배설물' 이라는 실체가 충돌하며 강한 아이러니를 생성한다. 시는 사물의 사실을 이용해 인간의 도덕적 위선을 드러내며, 가치 반전의 방식으로 결론에 도달한다. 이 작품은 종교적 관점에서 인간의 위선을 책망하는 예언자적 비판의 톤을 지닌다.

8. 일상 사물의 윤리적 재해석 : 〈복숭아〉

〈복숭아〉는 복숭아의 딱딱함 · 물렁함 · 속살의 성질을 인간의 성격과 속성에 대응시키며, '겉과 속의 불일치' 라는 윤리적 문제를 드러낸다. 생활어 기반의 소재 선택은 친근하지만, 결론은 매우 도덕적이다. 이 작품은 일상 사물을 통해 인간의 본질을 탐구하는 '도덕적 비유시' 의 성격이 강하며, 일반적인 서정시의 전통적 감성의 서정성과는 구별된다.

C. 신학적 성찰 4편(9-12편)

9. 신앙의 본질과 위선의 폭로 : 〈성도의 신앙〉

〈성도의 신앙〉은 시적 장치보다 '설교적 문장' 을 중심에 둔 이광호 특유의 명제적 종교시이다. '내가 원하는 하나님' 과 '하나님이 원하는 나' 의 대구 구조는 인간 중심적 신앙의 오해를 폭로하며, 세속화된 신앙인의 성경 오용을 강하게 비판한다. 이는 한국 종교시 전통에서 자주 등장하는 '비판적 예언자 시학' 의 현대적 변주로 볼 수 있다.

10. 천문 이미지의 교회론적 전환 : 〈북두칠성〉

〈북두칠성〉은 자연의 별자리와 성경의 '일곱 교회'를 대응시키는 작품이다. 자연 이미지가 신학적 상징으로 곧바로 전환되며, 우주적 질서를 교회의 영적 질서로 해석하는 구조를 지닌다. '빛나는 별'과 '빛 비추던 교회들'이라는 평행 구조는 이중 상징 체계를 강화하며, 자연과 신학 사이의 상호 번역 기제를 보여준다. 이광호는 상징의 미학적 수준보다 신학적 의미의 직접적 전달을 우선한다.

11. 성서·역사·지리의 교차 : 〈아라라트산〉

〈아라라트산〉은 노아 홍수의 성서적 사건과 실제 지리적 체험을 결합해 '언약-심판-회복'이라는 신학적 구조를 재현한다. 시인은 단순한 여행자가 아니라 '성서적 지리를 걷는 순례자'로 나타나며, 만년설과 산의 모습은 신학적 상징으로 재해석된다. 이 작품에서 자연은 완전히 신학적 의미망 속에 들어오며, 시적 공간은 '영적 장소성'을 중심으로 구조화된다.

12. 자연 현상의 언약적 의미 : 〈언약의 무지개〉

〈언약의 무지개〉는 노아 홍수 이후 하나님이 세우신 언약의 표징인 무지개를 중심으로 자연 현상의 신학적 의미를 탐구한다. 시인은 무지개를 단순한 기상 현상이 아닌 '언약의 증거'로 읽어내며, 아담 이전 사람들이 보지 못

했던 이 현상이 노아 이후 '상시적으로 볼 수 있도록 허락된 언약의 증거' 임을 강조한다.

'저주와 징벌의 표징' 이면서 동시에 '은혜와 언약의 상징' 이라는 이중적 의미는 심판과 구원이라는 기독교 신학의 핵심을 함축한다. 특히 '현대문명이 무지개를 가리는' 현실에 대한 비판은 자연을 통한 신적 계시를 거부하는 현대인의 영적 무감각을 지적한다. 이 작품은 자연 서정이 신학적 언약론으로 완전히 승화되는 이광호 시학의 정점을 보여준다.

다. 다시 시집을 펼치며

시인 이광호가 보여주는 시적 태도는 단순한 영감적 신앙 서정이나 상징 중심의 영성시와는 다른 결을 가진다. 그의 시학은 다음과 같은 특징을 보인다.

① 자연의 감각→내면의 영성→신학적 언어로 자연스럽게 이동한다.

② 일상 사물 · 사소한 현상까지 신학적 반성의 장으로 끌어들인다.

③ 상징적 · 감각적 언어보다 명제적 · 직설적 문장도 주저하지 않는다.

④ 감상 중심 서정보다, 윤리적 판단과 신학적 해석이 중층적이다.

이처럼 이광호 제3시집은 자연의 모티프를 통해 진정성 · 윤리 · 신학을 동시에 탐구하는 중요한 사례이며, 현대 기독교 시의 새로운 방향성을 제시하는 의미 있는 시집이라 할 수 있겠다. 따라서 그는 한국 현대 종교서정의 새로운 '직설적 신학 서정' 의 가능성을 제시하는 작가로 평가될 수 있다.

나아가 이광호의 시학은 자연서정-윤리비평-신학적 사유가 독립된 층위가 아니라, 유기적으로 서로를 매개하는 '삼중 구조' 라는 점이 특징적이다. ①자연은 감각적 정서의 출발점이자 윤리적 성찰의 질료가 되며, ②윤리는 인간 내면과 공동체의 문제를 드러내는 중간 고리이며, ③신학은 자연과 윤리가 지향하는 궁극적 해석의 장이다.

이 구조는 현대문학에서 드문 형태로, 자연서정·참여시·종교시라는 세 개의 갈래를 하나의 시정신으로 묶는 역동적 통찰을 보여준다. 따라서 이광호 제3시집이 보여주는 통합 구조는 다음과 같은 의의를 가진다.

① 자연을 영적 체험의 장으로 재해석하는 새로운 종교서정

② 일상 사물을 윤리적 비판 도구로 승격하는 도덕 시학

③ 신학적 선언을 시적 언어로 재배치하는 교리적 서정

④ 자연·사회·신앙을 관통하는 세계관적 통합

이로써 이광호 시집은 현대시에서 자연과 신앙을 새롭게 연결하는 신학적 생태 서정의 가능성을 제시한다.

이상의 관점에서 볼 때 이광호 시학은 기존 종교시나 서정시와 비교했을 때 독창적 위치를 차지한다. 곧 자연 이미지의 신학적 번역 능력, 도덕적 판단과 영적 해석의 결합, 명제적·직설적 문장의 시적 활용, 사물과 현상의

영적-윤리적 이중 의미화 등에서 두드러지게 나타난다. 그는 서정적 감각이 지나치게 정념적이기나 상징적 해석만으로 소진되는 것을 경계하며, 자연의 감각을 신학적 현실로 이행시키는 독특한 통합적 시학을 형성하고 있다.

결론적으로 이광호의 시집은 자연과 신앙, 감성과 윤리, 세계와 초월 사이의 분리를 극복한다. 그의 시학은 서정의 아름다움만을 추구하지 않으며, 현실 비판만을 지향하지도 않는다. 그의 시학은 인간의 내면과 세계의 윤리, 그리고 하나님 나라의 질서가 서로를 비추는 다층적 거울의 구조를 형성한다.

이광호 제3시집은 일상적인 서정시집이 아니라 하나의 세계관적 사유 체계이며, 자연을 매개로 인간과 하나님의 관계를 재정의하는 통합적 사유의 문학적 지도라 할 수 있다.

이 지도를 손에 쥔 독자들에게 한때 접어두었던 믿음의 날개를 활짝 펴고, 언약의 무지개를 넘어 진리의 나라를 향해 힘차게 날아가기를 소망한다. <끝>

이광호 시인 (목사, 철학박사) 1954년 경북 의성에서 출생. 영남대학교와 경북대학교 대학원에서 법학과 서양사학을 공부했으며, 고려신학대학원(M.Div.)과 ACTS(Th.M.)에서 신학일반 및 조직신학을 공부한 후 대구가톨릭대학교(Ph.D.)에서 선교학을 위한 비교종교학을 연구하였다. 홍은개혁신학연구원에서 성경신학 담당교수를 비롯해 고신대학교, 고려신학대학원, 영남신학대학교, 브니엘신학교, 대구가톨릭대학교, 숭실대학교 등에서 학생들을 가르쳤으며, 이슬람 전문선교단체인 국제WIN선교회 한국대표, 한국개혁장로회신학교 교장을 지냈다. 실로암교회 담임목사직에서 퇴임하고 현재는 보편교회에 속한 목사로서 국내와 해외 여러 지역의 교회들을 방문하여 설교와 사경회, 그리고 다양한 신학세미나를 인도하고 있다. 저서로 『구약신학의 구속사적 이해』 『신약신학의 구속사적 이해』 『바울의 생애와 바울신학』 『시대분별과 신학적 관심』 『세계선교의 새로운 과제들』과 창세기부터 요한계시록까지 수십 권의 신구약 주해서를 비롯 최근 『시편』등 을 출간하였고, 시집 『하늘 두 번 쳐다보고 땅 한 번 내려다보고』를 상재하였다..

열린시선 19 이광호 시집
달빛 아래 웅크린 호수 속의 잉어 떼

지은이 / 이광호
펴낸이 / 김윤환
펴낸곳 / 열린출판사
1판 1쇄 펴낸 날 | 2026년 2월 20일
등록번호 / 제2-1802호
등록일자 / 1994년 8월 3일
주소 / 경기도 시흥시 하중로 203(3층)
전화 / 031-318-3330
팩스 / 050-4471-3892
이메일 / pomreview@daum.net

출판공급 / 열린출판디자인 02-2275-3892

* 이 도서의 국립도서관 출판도서목록은
서지정보유통서비스시스템 홈페이지와
국가자료 공동목록시스템에서 이용하실 수 있습니다.

ISBN 978-89-87548-79-1 (03810)
값 13,000원